まちごとチャイナ

Zhejiang 005 Shaoxing
紹興

老酒と文豪育てた「水郷」

Asia City Guide Production

【白地図】紹興と長江デルタ

CHINA
浙江省

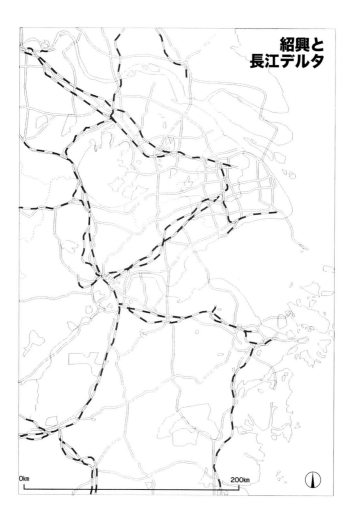

紹興と長江デルタ

Shaoxing　白地図

【白地図】紹興

CHINA
浙江省

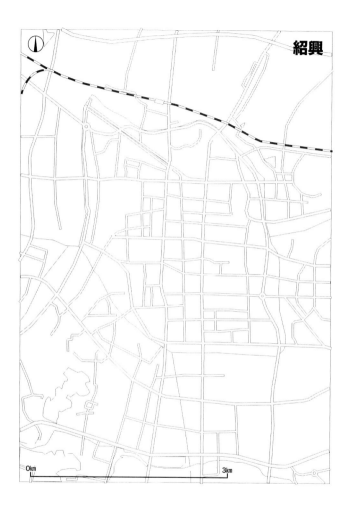

紹興 Shaoxing 白地図

【白地図】鲁迅故里

CHINA
浙江省

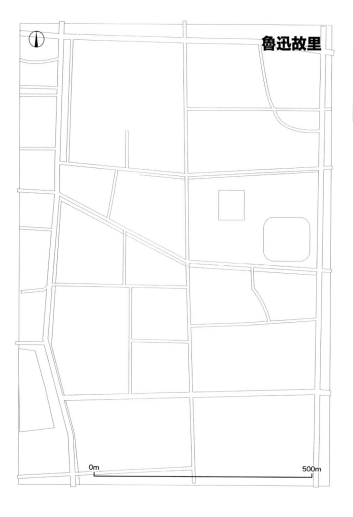

魯迅故里

Shaoxing

白地図

【白地図】塔山

CHINA
浙江省

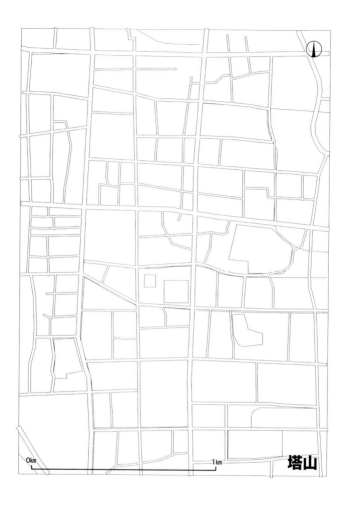

【白地図】蕺山

CHINA
浙江省

【白地図】八字橋

CHINA
浙江省

八字橋

Shaoxing 白地図

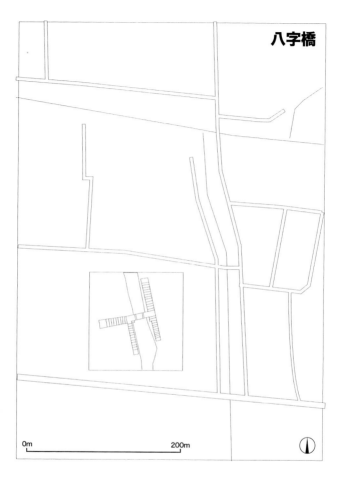

0m　200m

【白地図】府山

CHINA
浙江省

【白地図】紹興駅

CHINA
浙江省

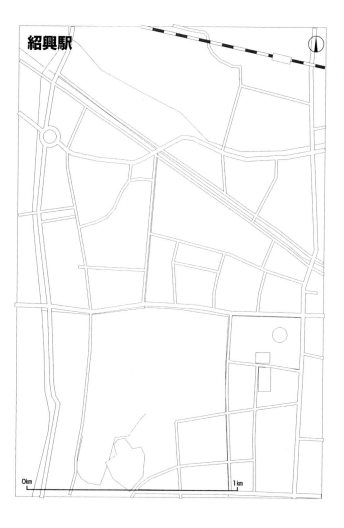

【白地図】西偏門外

CHINA
浙江省

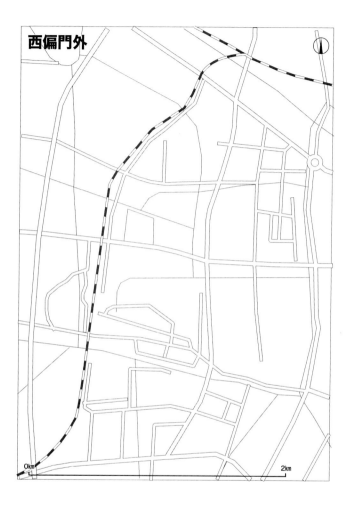

【白地図】紹興近郊

CHINA
浙江省

紹興近郊

Shaoxing 白地図

【白地図】蘭亭

CHINA
浙江省

蘭亭

Shaoxing 白地図

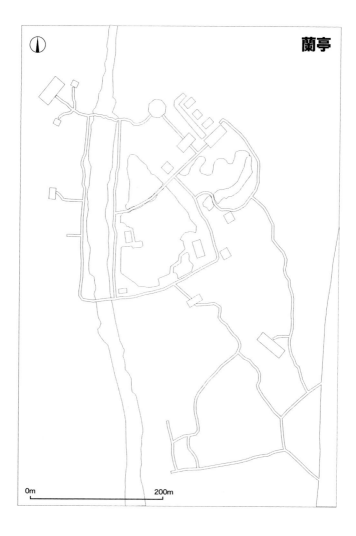

【白地図】大禹陵廟

CHINA
浙江省

大禹陵廟

Shaoxing | 白地図

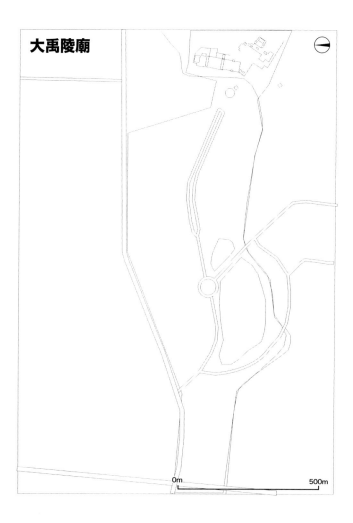

【白地図】紹興郊外

CHINA
浙江省

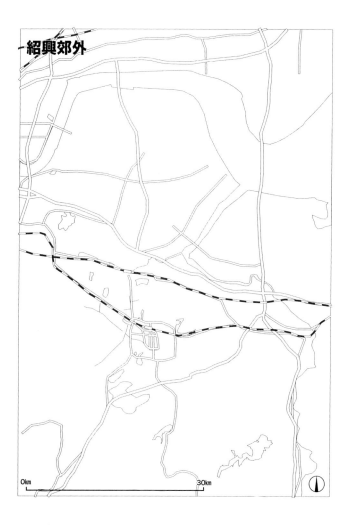

【白地図】柯橋

CHINA
浙江省

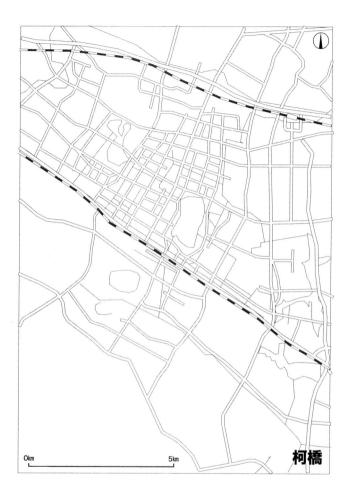

Shaoxing 白地図

柯橋

【まちごとチャイナ】
浙江省 001 はじめての浙江省
浙江省 002 はじめての杭州
浙江省 003 西湖と山林杭州
浙江省 004 杭州旧城と開発区
浙江省 005 紹興
浙江省 006 はじめての寧波
浙江省 007 寧波旧城
浙江省 008 寧波郊外と開発区
浙江省 009 普陀山
浙江省 010 天台山
浙江省 011 温州

CHINA
浙江省

会稽山と杭州湾、鑒湖といった山海の自然に恵まれた水郷紹興。浙江省でもっとも由緒正しい伝統をもち、中国を代表する「紹興酒」の故郷としても名高い（蘇州とならぶ、2500年以上の歴史ある江南を代表する古都）。

紹興の古名を会稽と言い、夏王朝を創始した伝説の禹がこの地で諸侯を集め（会計）、禹は死後、紹興郊外に葬られた。その後、越王勾践の復讐譚で知られる春秋呉越の越の都が紀元前490年に築かれ、六朝の書聖王義之に愛された「会稽の地」と知られてきた。

绍兴 shào xīng シャオシィン
Shao Xing
紹興

　時代はくだって明清時代を通じ、多くの科挙合格者がこの地から生まれ、近代には文豪魯迅、女性革命家秋瑾、学者蔡元培といった人材を輩出している。杭州湾南岸の浙東運河のほとり、西の杭州と東の寧波を結ぶ地の利をもち、嘉紹大橋を通じて上海との距離も近づいている。

【まちごとチャイナ】

浙江省 005 紹興

CHINA
浙江省

目次

紹興	xxx
会稽海と山と神話の地	xxxvi
魯迅故里鑑賞案内	xlvii
塔山城市案内	lxv
蕺山城市案内	lxxix
府山城市案内	c
紹興駅城市案内	cxix
紹興の食ひともの	cxxx
西偏門外城市案内	cxxxviii
蘭亭鑑賞案内	cxlix
会稽山鑑賞案内	clviii
紹興郊外城市案内	clxix
柯橋城市案内	clxxxiii
城市のうつりかわり	cxci

【MEMO】

【地図】紹興と長江デルタ

CHINA
浙江省

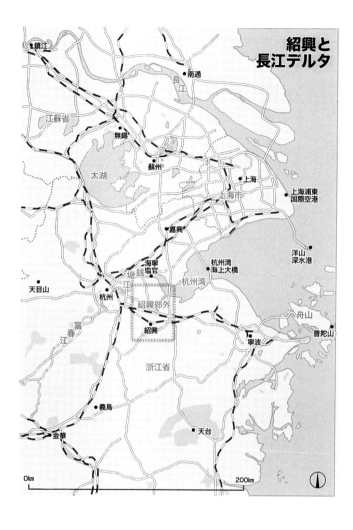

会稽
海と山と
神話の地

CHINA
浙江省

紹興は紀元前490年、越の都として築かれた
「魚米の郷」「文化の邦」と言われる
浙江省北部の古都

由緒正しい「会稽」

「会稽」という地名は、紀元前2070年ごろに夏王朝を開いた伝説の禹がこの地に諸侯を「会計（会め稽る、あつめはかる）」したことに由来する。紀元前の春秋時代、紹興を都とする「越」が建国され、隣国蘇州の呉と激しい戦いを繰り広げた。その後、隋唐代には会稽、山陰、越州などと呼ばれ、これらが紹興の古名となっている。1127年、華北を金に奪われた宋王室が南遷し、揚州、杭州、紹興、寧波、温州と逃れ、南宋の高宗は金軍撤退後の1131年、紹興に戻り、年号を「紹興」と定めた（その翌年、杭州が都とされた）。以後、この地は「宋

Shaoxing 会稽海と山と神話の地

を受け継いで再興する」を意味する「紹興」と呼ばれている。

紹興酒の故郷

中国を代表する黄酒（醸造酒）の故郷として知られる紹興。中国では新石器時代からお酒が飲まれ、紹興酒の伝統は越王勾践時代（紀元前5世紀）より古くさかのぼる。書聖王羲之は紹興郊外の蘭亭で、紹興酒の杯を流す「曲水の宴」を開き、南宋の陸羽は「城中の酒壚千百所」と記して酒造業の繁栄をたたえている。会稽山系で育まれた鑑湖の清浄な水、糯米と麦麹から醸造させた紹興酒は、ミネラル分を多くふくみ、碗

CHINA
浙江省

▲左　紹興酒を飲みながら談笑する人たちの像。　▲右　白の漆喰壁がどこまでも続く

いっぱいにそそいでも表面張力でこぼれにくいという。紹興の各家におかれた酒瓶、酒瓶を積んだ船が運河を進む様子は、紹興ならではの光景として親しまれてきた。

浙江より奥の景勝地

浙江省は長らく杭州を中心とする「浙西」、紹興、寧波を中心とする「浙東」にわかれ、「浙江」の旧名をもつ銭塘江がその境となってきた（呉越時代の10世紀、西府杭州に対して、紹興は東府と呼ばれ、文化や習慣の差は大きかった）。六朝時代の王羲之は「初め浙江を渡るに、便ち終焉の志あり。会

【MEMO】

CHINA
浙江省

稽に佳き山水あり、名士多く之に居む」と述べ、この地の美しい景色に囲まれて生活し、そのまま都南京へ帰らなかった。浙東の中心地にあたる紹興は、寧紹平原に位置し、北の杭州湾、南の会稽山に連なる地形をもつ。古くは「海」と「山」が直接つながっていたが、後漢の140年、会稽山系からの流れを集める鑒湖が紹興南に整備された。会稽山と鑒湖の自然をもつ紹興は、「稽山鏡水」の言葉でたたえられる。

紹興旧城の構成

紹興旧城は、紀元前490年、越王勾践の宰相范蠡によって築

▲左　水郷紹興では水辺に生きる人びとの暮らしも見られる。　▲右　湖に突き出した水戯台、船上から観劇する

かれた勾践小城（蠡城）、そこから拡大した山陰大城をもとにする。外濠、城壁、内濠をもつ構造で、自然の河川が東西の濠に利用され、周囲10kmの楕円形城壁に9つの門をそなえていた。人びとは船を足代わりとしたことから、城内には水路が縦横にめぐらされ、清末の光緒帝時代、全長60kmになる33本の運河、229の橋がかかっていたという。北門にあたる昌安門と南門にあたる植利門を結ぶ線の西側が山陰県、東側が会稽県とされ、北西端の西郭門（迎恩門）が杭州と往来する玄関口にあたった。紹興旧城の城壁は、1938年に撤去され、運河も大部分が埋め立てられて現在にいたる。

【MEMO】

【地図】紹興

【地図】紹興の [★★★]
- ☐ 魯迅故里 鲁迅故里ルウシュングウリイ
- ☐ 八字橋 八字桥バアツウチャオ
- ☐ 秋瑾烈士紀念碑 秋瑾烈士纪念碑 チィウジンリエシイジイニィエンベイ

【地図】紹興の [★★☆]
- ☐ 秋瑾故居 秋瑾故居チィウジングウジュウ
- ☐ 沈園 沈园チェンユゥエン
- ☐ 周恩来紀念館 周恩来纪念馆 チョウオンライジイニィエングゥアン
- ☐ 戒珠寺 戒珠寺ジエチュウスウ
- ☐ 解放路 解放路ジエファンルウ
- ☐ 紹興博物館 绍兴博物馆シャオシンボオウグゥアン
- ☐ 中国黄酒博物館 中国黄酒博物馆 チョングゥオフゥアンジョウボオウグゥアン
- ☐ 会稽山 会稽山クゥアイジイシャン

【地図】紹興の [★☆☆]
- ☐ 青藤書屋 青藤书屋チンタァンシュウウゥ
- ☐ 蕺山 蕺山ジイシャン
- ☐ 府山 府山フウシャン
- ☐ 大通学堂（大通師範学堂）大通学堂 ダアトォンシュエタァン

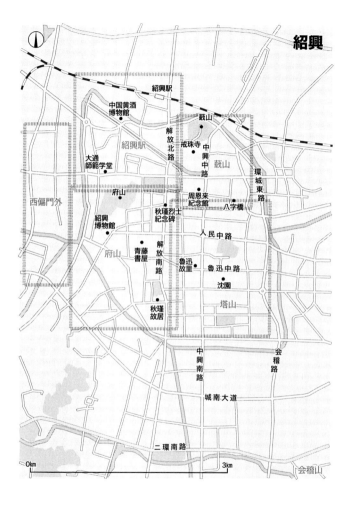

Shaoxing 会稽海と山と神話の地

【MEMO】

CHINA
浙江省

Guide,
Lu Xun Gu Li
魯迅故里
鑑賞案内

近代中国を代表する文豪魯迅
魯迅が生まれ育った紹興の東昌坊口は
魯迅故里として整備されている

魯迅故里 魯迅故里 lǔ xùn gù lǐ ルウシュングウリイ［★★★］
魯迅（周樹人）の周一族は、明の正徳年間（1506〜21年）に紹興へ移住し、魯迅はそこから14代目にあたる。一族は商業で成功し、第6代が挙人となって読書人階級、街を代表する家族へと成長した。魯迅が生まれたとき、周一族は30もの家族からなり、紹興旧城のなかで老台門、新台門、過橋台門にわかれて暮らしていた。一族を構成する小さな家族がひとつの「房」で暮らし、魯迅の家族は新台門のなかの「興坊」を住居とした（新台門の「致坊」、中坊、和坊の「致坊」から「智坊」、仁坊、勇坊の3つにわかれ、「智坊」がさらに「興

浙江省

坊」、立坊、誠坊にわかれるツリー構造だった)。覆盆橋界隈が魯迅広場となり、そこから西に走り、老台門、新台門のあった東昌坊口一帯が魯迅故里として整備されている。

魯迅とは

魯迅(1881〜1936年)は清朝末期に生まれ、17歳までを紹興で過ごしている。中国が西欧列強に侵略されるなか、南京で学び、やがて明治維新を成功させた日本に留学した。当初、魯迅は医学を勉強していたが、それでは腐敗した中国を変えられぬと文学を志すようになり、紹興へと戻ってきた。紹興

▲左　魯迅祖居や魯迅故居、魯迅の周一族が集住した。　▲右　タバコを手にした巨大な魯迅像

を思わせる集落を舞台とした『故郷』、喧嘩に負けようとも自分に都合のよい解釈をする「精神勝利法」をもち、処刑される日雇い農民を描いた『阿Q正伝』、「人（西欧列強）が自分を食べようとする」という心理を通して封建社会を批判した『狂人日記』などで知られる。1911年、同郷の蔡元培から北京大学に招かれたが、その後、国民党が実権をにぎると、厦門、広州、上海へと身を移し、1936年、上海でなくなった。中国を代表する国民的作家にあげられる。

【地図】魯迅故里

【地図】魯迅故里の ［★★★］
- ☐ 魯迅故里 鲁迅故里ルウシュングウリイ

【地図】魯迅故里の ［★★☆］
- ☐ 魯迅祖居（老台門）鲁迅祖居ルウシュンズウジュウ
- ☐ 魯迅紀念館 鲁迅纪念馆ルウシュンジイニィエングゥアン
- ☐ 魯迅故居（新台門）鲁迅故居ルウシュングウジュウ
- ☐ 三味書屋 三味书屋サンウェイシュウウウ
- ☐ 咸亨酒店 咸亨酒店シィアンハァンジュウディエン
- ☐ 秋瑾故居 秋瑾故居チィウジングウジュウ
- ☐ 解放路 解放路ジエファンルウ

【地図】魯迅故里の ［★☆☆］
- ☐ 百草園 百草园バイツァオユゥエン
- ☐ 土穀祠 土谷祠トウグウツウ
- ☐ 応天塔 应天塔インティエンタア

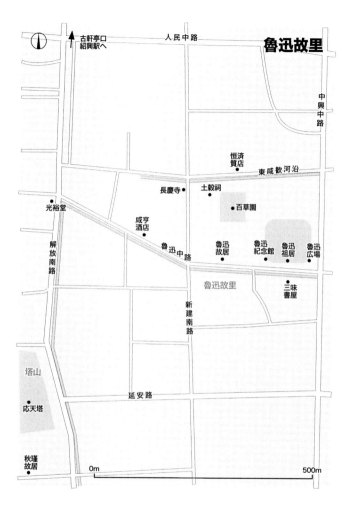

魯迅故里鑑賞案内

浙江省

魯迅祖居（老台門）魯迅祖居
lǔ xùn zǔ jū ルウシュンズウジュウ [★★☆]

魯迅祖居は、魯迅の周一族が暮らした3つの台門のひとつ（手ぜまになったため、この老台門から魯迅の家族は新台門へと移った）。周一族は紹興を代表する名家で、家屋や田畑を共有し、紹興旧城の状元共弄に共通の宗廟をまつっていた。魯迅祖居に暮らしていた魯迅の祖父は科挙に合格した官吏（進士）だったが、息子（魯迅の父）の試験のための賄賂でつかまり、7年間も牢獄に入れられてしまった。死刑の判決がくだり、その死刑をまぬがれるため、毎年、大金を支払ったの

▲左　一族は共通の祖先をまつる祭祀を行なった。　▲右　あたりには魯迅ゆかりの場所が点在する

で家は没落していき、そうしたなか魯迅は新台門（魯迅故居）で育った。現在は博物館として開館し、調度品や絵画などが展示されている。

魯迅紀念館 鲁迅纪念馆
lǔ xùn jì niàn guǎn ルウシュンジイニィエングゥアン[★★☆]

魯迅故居のすぐそば、1951年に開館した魯迅紀念館。写真、映像、手書き原稿、筆などで魯迅を紹介し、百草園で遊んだり、三味書屋に通った魯迅の少年時代、日本の仙台に留学した時代、教師をした北京時代、書店を営む内山完造らと交流した

浙江省

上海時代というように、時代ごとの展示が見られる(魯迅の小説のなかで、『故郷』『祝福』『在酒楼上』といった初期の小説は、紹興を舞台とする)。中華人民共和国成立後、再現された魯迅紀念館はじめ魯迅故里を見て、魯迅妻の許広平は感激したという。

魯迅故居(新台門)魯迅故居
lǔ xùn gù jū ルウシュングウジュウ [★★☆]

魯迅(1881〜1936年)が少年時代を過ごした魯迅故居。この魯迅故居は新台門を前身とし、そこに親戚関係にある10

魯迅故里鑑賞案内　Shaoxing

もの家族が雑居していた（台門とは邸宅を意味する）。魯迅が質屋や薬屋に通ったこと、27年に一度、宗族の祭りのかかりがまわってきたことが、『薬』などの小説に描かれている。魯迅同様、日本に留学した弟の周作人（文学者）、周建人（生物学者）もこの家で育ったが、魯迅一家が北京に引っ越すにあたって、朱氏に売られた。現在は木造2階建ての建物に、応接室、魯迅が使った机や椅子、ベッドなど、当時の様子が再現されている。

浙江省

百草園 百草园 bǎi cǎo yuán バイツァオユゥエン［★☆☆］

魯迅故居の裏に残り、少年時代の魯迅の遊び場だった百草園。「わが家の裏手に昔から「百草園」と呼ばれる大きな庭があった。〜だが子どものころの私には楽園だった」と『朝花夕拾(百草園から三味書屋へ)』に記されている。草花、桑の実、菜の花、木の実などにめぐまれ、そら豆やまこものめといった百草が栽培される菜園だった。またコオロギやムカデが少年魯迅を楽しませたという。

▲左 魯迅が勉強したという机も保存されている。　▲右　魯迅少年の遊び場だった百草園

土穀祠 土谷祠 tǔ gǔ cí トウグウツウ ［★☆☆］

五穀豊穣をかなえる「土地の神さま」がまつられた土穀祠。通りにおおいかぶさるような屋根（鶏籠頂）をもつ東屋で、『阿Q正伝』の阿Qが寝泊まりした廟の舞台にもなった（「阿Qには家がなく、未荘の土地廟に住んでいた」竹内好訳『阿Q正伝』）。こうした祠や道教廟では、季節の行事ごとに劇が演じられ、人びとを楽しませる戯台の役割を果たしていた。演劇のさかんな紹興では、かつて街角に多くの戯台があったが、そのほとんどが交通の便を考えて撤去された。

浙江省

三味書屋 三味书屋 sān wèi shū wū サンウェイシュウウウ[★★☆]
三味書屋は魯迅が12歳から17歳まで通った私塾で、魯迅故居のちょうど向かいに位置する。三味書屋という名前は、「書に三味あり（経は米飯、史は魚肉、子は調味料）」に由来するとも、魯迅の曽祖父が「三餘書屋」とあった扁額を「三味書屋」と書き換えたことに由来するともいう。紹興でも厳格で知られた塾で、魯迅はここで『論語』『孟子』『易経』などの『四書五経』を教師寿鏡吾から学んだ。当時の様子が再現され、遅刻してしかられた自分をいましめるため魯迅が「早」の字を彫った机も残っている。

魯迅故里鑑賞案内 | Shaoxing

紹興名物の烏蓬船

「南船北馬」という言葉があるように、運河がめぐらされた水郷地帯の紹興では、「水路」が「道」、「船」が「移動手段」となってきた。紹興では、手足の両方を使ってふたつの櫂をこぐこの地方独特の「烏蓬船（黒蓬船）」が見られる。烏蓬船の「烏」とは「黒」を意味し、桐油でといだ煤を使って塗りあげた竹製屋根の篷（とま）の姿から名づけられた。烏蓬船の先には守り神「鷁」がつけられ、すべるように水路を走る。屋根の黒くない白蓬船は農業用や公共用の船だとされ、フェルト製の毡帽（チャンマオ）をかぶる船頭たちも紹興の

浙江省

見慣れた光景として知られてきた(魯迅は、この帽子を質屋の抵当に入れる様子を描いている)。三味書屋前の運河のほか、東湖や柯橋などでも烏蓬船が見られる。

咸亨酒店 咸亨酒店
xián hēng jiǔ diàn シィアンハァンジュウディエン[★★☆]
魯迅の小説『孔乙己』の舞台となった酒屋が再現された咸亨酒店。「(咸亨酒店は)往来に面して、曲尺型の大きなカウンターがあり、カウンターの内がわにはいつでも燗ができるように湯が用意してある」と記され、立ち飲み仲間にからかわれながら

Shaoxing 魯迅故里鑑賞案内

▲左　小説『孔乙己』で知られる咸亨酒店。　▲右　人力車が街を走る

も、場末の酒場に通う没落読書人の孔乙己が描かれている。この咸亨酒店は魯迅故居をはさんで実際にあった北向きの土間ひとつ構えの小さな居酒屋をモデルとし、魯迅の親族が1894年ごろから運営していたが、やがて3年ほどでたたんでしまった（咸亨とは『易経』に記された「品物咸亨」からとられている）。塩たけのこや茴香豆をつまみを出す読書人階級は近寄らない酒場だったが、三味書屋で魯迅の教師だった寿鏡吾だけはよく通ったという。現在の咸亨酒店は1981年に再現されたもので、紹興酒の瓶や独特のカウンターが見られる。また通りに向かって「一杯つけてくれ」と酒を頼んだ孔乙己の像が立っている。

浙江省

魯迅の通った店

魯迅が少年時代を過ごした東昌坊口は、魯迅路と改名され、魯迅故里には魯迅の小説に登場したり、実際に魯迅の通った店がいくつも残っている。『孔乙己』の舞台になった咸亨酒店、また病の父のために通った薬店の震元堂や光裕堂、東咸歓河沿の恒済質店（紹興の質屋の歴史は宋代にまでさかのぼるという）、651年の創建で魯迅の名づけ親阿隆師父の住持した長慶寺も残る。また魯迅は紹興卜鶴汀筆荘の筆「金不換」を愛用したと伝えられる。

職人たちがつくった錫箔紙

かつて紹興は「錫半城」と呼ばれ、紹興の半数にあたる人たちが錫箔業にたずさわっていたという。錫箔とは、錫（すず）を金槌でたたいて薄く「箔状（金箔ならぬ錫箔）」にしたもので、神仏や死者へのそなえものとして使われた（錫箔をお金に見立てて焼いた）。魯迅故居の近くにも、錫箔作坊があり、あちらこちらから聞こえる金槌で錫をたたく音は紹興ならではだった。これら錫箔職人は魯迅一族の経営する咸亨酒店ではなく、より西側の徳興酒場に通ったという。

Guide, Ta Shan
塔山城市案内

紹興三山のひとつ塔山のそばに残る秋瑾故居
陸游のロマンスが伝えられる沈園
明代の画家徐渭の暮らした青藤書屋が位置する

青藤書屋 青藤书屋
qīng téng shū wū チンタァンシュウウゥ [★☆☆]

青藤書屋は、藤の花を愛し、「青藤」と号した明代画家の徐渭（1521〜93年）の故居。徐渭は官吏の父と後妻の子としてここ紹興大雲坊観庵で生まれ、科挙には合格しなかったものの、明代を代表する文人（紹興師爺）と評価されている。「酔うて抹り醒めて塗るも総て是れ春」と酒を飲んで酩酊状態のなか墨汁をポタポタとたらして描く方法など、大胆、反骨的な画風で知られ、書画のほか、詩文、演劇など幅広い分野で活躍した。徐渭は地位を得てから家（酬字堂）を紹興に買い、

【地図】塔山

【地図】塔山の [★★★]
- ☐ 魯迅故里 鲁迅故里ルウシュングウリイ
- ☐ 八字橋 八字桥バアツウチャオ
- ☐ 秋瑾烈士紀念碑 秋瑾烈士纪念碑 チィウジンリエシイジイニィエンベイ

【地図】塔山の [★★☆]
- ☐ 秋瑾故居 秋瑾故居チィウジングウジュウ
- ☐ 沈園 沈园チェンユゥエン
- ☐ 三味書屋 三味书屋サンウェイシュウウウ
- ☐ 咸亨酒店 咸亨酒店シィアンハァンジュウディエン
- ☐ 周恩来紀念館 周恩来纪念馆 チョウオンライジイニィエングゥアン
- ☐ 広寧橋 广宁桥グゥアンニィンチャオ
- ☐ 解放路 解放路ジエファンルウ
- ☐ 古軒亭口 古轩亭口グウシゥアンティンコウ

【地図】塔山の [★☆☆]
- ☐ 青藤書屋 青藤书屋チンタァンシュウウゥ
- ☐ 応天塔 应天塔インティエンタア
- ☐ 太平天国壁画 太平天国壁画タイピンティエングゥオビイフゥア
- ☐ 投醪河 投醪河トウラオハア
- ☐ 三埭街 三埭街サンダイジエ
- ☐ 東街 东街ドンジエ
- ☐ 大善寺塔 大善寺塔ダアシャンスウタア
- ☐ 紹興大劇院 绍兴大剧院シャオシンダアジュウユゥエン

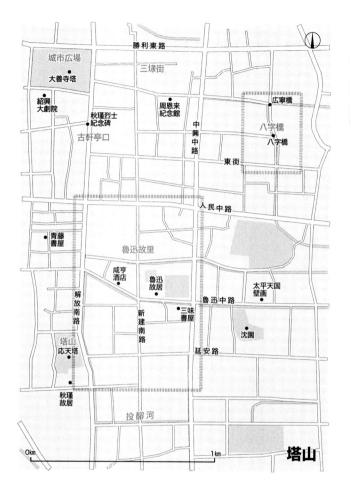

浙江省

妻をめとったが、やがて獄中で生活することになった。榴花書屋とも言われる青藤書屋は、四合院様式の邸宅で、築山、竹林、青藤、木製の格子窓、調度品などが見える。

倭寇討伐と、失脚と

浙江の海岸地帯は1152年ごろから、王直ら倭寇に荒らされるようになった。徐渭は倭寇討伐の戦いをしていた胡宗憲の幕間に入り、1557年、戦没者のために書いた追悼文が認められて頭角を現した(日本への鉄砲伝来の場所にも居合わせた倭寇の頭領王直は、徐渭の作戦で捕まったと言われる)。

▲左　細い路地に残る青藤書屋。　▲右　栄光と獄中生活と、徐渭は波瀾の人生を送った

また胡宗憲に代わって書いた『鎮海楼記』が絶賛され、銀220両の賞与を得たほか、1559年、胡宗憲の上役にあたる北京の大物官吏巌嵩の80歳の祝賀文をつくるほどの地位と名誉を得た。しかし、巌嵩派の失脚によって、その影響が徐渭にまでおよび、自殺未遂、妻を殺害するなど生活は荒れ、徐渭は獄中で詩や書画を創作し続けた。

応天塔 应天塔 yìng tiān tǎ インティエンタア ［★☆☆］

紹興旧城に立つ3つの山のひとつ塔山。ここは春秋時代の呉越の戦いで知られる越王勾践が天文を見て、吉凶を占った場

CHINA
浙江省

所と伝えられる。宋代の創建という応天塔がそびえ、その姿を見せることから、塔山の名前で知られる。また紀元前490年の紹興築城時に琅邪の東の海から山が飛んできたため飛来山とも、住民がそれを怪しんだため怪山とも呼ばれる。応天塔の南麓に女性革命家の秋瑾故居が位置し、秋瑾は塔山によく登り、刀剣の稽古や鍛錬をしたという。

秋瑾故居 秋瑾故居
qiū jǐn gù jū チィウジングウジュウ [★★☆]

「鑒湖女俠」と呼ばれた清朝末期の女性革命家秋瑾が育ち、

▲左　女性革命家秋瑾の育った和鴨堂。　▲右　小さな塔山に応天塔が立つ

また斬首刑にあう直前まで過ごした秋瑾故居。秋瑾故居は蔡元培、徐錫麟らにひきいられた浙江の革命派光復会の集会所となり、秋瑾はここから船に乗って自らが校長をつとめる大通学堂へ船で通ったという。この建物は、もともと明万暦年代の礼部尚書（文部大臣）、東閣大学士をつとめた朱庚の邸宅「和鴨堂」と知られ、秋瑾の処刑から50年後の1957年に秋瑾故居となった。中庭の3つ連続する建物には、居間や寝室が再現され、唐代の衣服に通じる日本の和服姿で日本刀をもつ秋瑾の写真、秋瑾愛用の文具も残る。

CHINA
浙江省

女性革命家秋瑾の死

名門官吏の娘として厦門で生まれた秋瑾は、1890年、祖父の隠居とともに紹興に帰ってきた。結婚、日本への留学、帰国をへて、秋瑾は男女平等、満州族打破を目指す革命活動へ身を投じていった（当時、女性は纏足をする習慣があるなど、立場が弱かった）。革命の動きは清朝の察するところとなり、辛亥革命4年前の1907年、秋瑾は軒亭口で斬首刑となった。死を迎えるにあたって、秋瑾は和鴨堂に隠していた秘密書類を焼いたという。

【MEMO】

CHINA
浙江省

沈園 沈园 chén yuán チェンユゥエン ［★★☆］

沈園は紹興を代表する庭園で、沈氏の邸宅がおかれていた。晋代創建の禹跡寺が建っていた場所に近く、とくに杭州を都とした南宋時代、紹興を代表する名園と知られるようになった。この庭園は南宋の詩人陸游が結婚し、親のために別れた元妻の唐琬と再会した場所でもある（1125 〜 1210 年に生きた陸游は、華北の金に対する愛国詩人と知られ、9000 首以上の膨大な詩を残した）。陸游はこのとき元妻唐琬への未練の想いから、沈園の壁に『釵頭鳳』を記している。池の周囲に、亭、石づくりの橋、築山、井戸などが展開し、沈園南側

▲左 紹興を代表する名園の沈園、陸游の悲恋が伝わる。 ▲右 夜、ここでショー『沈園之夜』が繰り広げられる

に陸游紀念館も位置する。

陸游の悲恋

陸游（1125〜1210年）は20歳のころ、母方の姪唐琬と結婚し、ふたりは仲睦まじかったものの、未だ科挙に合格しないこともあって、母親から離縁を命じられた。当時の中国では、著名寺院や園林は春の花見の季節、一般に公開される慣わしがあり、そのとき偶然、陸游は10年ぶりに唐琬と再会した。唐琬のそばには新しい夫趙士程がいて、陸游の存在に気づいた唐琬は酒肴を遣わした。その酒をあおった陸游は、

CHINA
浙江省

「紅酥の手、黄縢の酒／満城の春色、宮墻の柳／東風は悪しく、歓情は薄し／一懐の愁緒／幾年か離索せし／錯てり、錯てり、錯てり」と唐琬への未練を沈園の壁に書きなぐった。ふたりは二度と会うことはなかったが、陸游はたびたび沈園を訪れ、唐琬への想いを忘れなかったという。この一連の出来事は幸田露伴の『幽秘記（「幽夢」）』にも記されている。

太平天国壁画 太平天国壁画 tài píng tiān guó bì huà
タイピンティエングゥオビイフゥア ［★☆☆］

龍や鳳凰、麒麟などを描いた太平天国壁画。農民一揆からはじまり、南京を中心として南中国に勢力をほこった太平天国時代（1851～64年）に描かれた。紹興は太平天国後期にその勢力下に入り、李家台門、凌家台門などいくつかの邸宅に壁画が残っている。

浙江省

投醪河 投醪河 tóu láo hé トウラオハア [★☆☆]

「醪」とは濁酒を意味し、紀元前473年、越王勾践が酒を投げ入れた川と伝えられる投醪河。蘇州の呉とはげしい戦いをしていた越王勾践は、呉討伐の兵をあげるにあたって、自身に献じられた美酒（紹興酒）を、この川にあけて兵士を鼓舞した（いったん呉に敗れた越王勾践は臥薪嘗胆し、呉への復讐を誓っていた）。兵士たちの志気はあがり、呉を討伐、越は覇を唱えた。また越王勾践は子供を産んだ女性にひと瓶の酒をあたえる方法で、人口を増やし国力を強化したという。

Guide, Ji Shan
蕺山
城市案内

書聖王羲之の邸宅があった戒珠寺
紹興を代表する石橋の八字橋
水郷に生きる人びとの営みを感じられるエリア

蕺山 蕺山 jí shān ジイシャン ［★☆☆］

紹興旧城北端に立つ府山と塔山とならぶ紹興三山のひとつ蕺山。蕺山という名前は、蕺草（どくだみ）が自生して、越王勾践がそれをとった場所だったことに由来する。紹興の文人たちに愛され、この山の南麓に邸宅を構えた東晋の王羲之が薬草を求めて散策したことから、王家山の名前でも知られる（王羲之は、植物製の仙薬のほか紫石散、五色石膏散などの鉱物も飲んだ）。また明末の学者で、証人書院を開いた劉宗周がこの山に居を構え、満州族の清にくだることをよしとせずに絶食して20日後餓死した。秋の中秋節には、人びとは

【地図】蕺山

【地図】蕺山の [★★★]
- ☐ 八字橋 八字桥 バアツウチャオ
- ☐ 秋瑾烈士紀念碑 秋瑾烈士纪念碑 チィウジンリエシイジイニィエンベイ

【地図】蕺山の [★★☆]
- ☐ 戒珠寺 戒珠寺 ジエチュウスウ
- ☐ 周恩来紀念館 周恩来纪念馆 チョウオンライジイニィエングゥアン
- ☐ 広寧橋 广宁桥 グゥアンニィンチャオ
- ☐ 解放路 解放路 ジエファンルウ

【地図】蕺山の [★☆☆]
- ☐ 蕺山 蕺山 ジイシャン
- ☐ 題扇橋 题扇桥 ティシャンチャオ
- ☐ 筆飛弄 笔飞弄 ビイフェイノォン
- ☐ 蔡元培故居 蔡元培故居 ツァイユゥエンペイグウジュウ
- ☐ 蕭山街 萧山街 シャオシャンジエ
- ☐ 三埭街 三埭街 サンダイジエ
- ☐ 東街 东街 ドンジエ

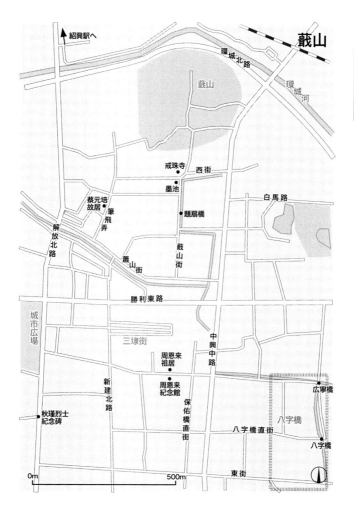

Shaoxing 蕺山城市案内

浙江省

この山で宴を開き、酒や料理を楽しんだと伝えられる。

戒珠寺 戒珠寺 jiè zhū sì ジエチュウスウ ［★★☆］

東晋の書聖王羲之（307〜365年）の邸宅がおかれていた戒珠寺。王羲之は東晋の名門貴族琅邪の王氏の出身で、351年、都南京から離れた紹興の地に会稽内史として赴任してきた（この時代、異民族の侵入を受け、漢族は華北から南京へ南遷した）。会稽王司馬昱のもとで政治を担当し、飢饉に苦しむ人びとのため、税負担を減らし、倉を開いて食物をわけあたえたり、また紹興酒をつくるのを禁じてその米を食料代わ

▲左　蕺山南側のエリアは昔ながらの街並みが残る。　▲右　王羲之の故居があった戒珠寺

りにしようとした。353年、謝安ら六朝貴族を集め、蘭亭で曲水の宴を開くなど、王羲之は悠々自適の生活を送った（官吏を辞職して晩年の10年を会稽逸民として暮らした）。王羲之はこの自宅で書画をしたため、友人たちに手紙を送るなどしていて、最後には戒珠寺に自宅を寄進した。のちに南斉の道士、褚伯玉が金庭観を構えたが、「（そこに）王羲之の家があった」という記録が残ることから、現在は王羲之の故居として整備されている。

浙江省

題扇橋 题扇桥 tí shàn qiáo ティシャンチャオ ［★☆☆］

王羲之が暮らした戒珠寺のそば、運河にかかる題扇橋。東晋時代、このあたりで老婆が竹の扇を王羲之に売りつけようとすると、王羲之は老婆の「扇（売りもの）」に書を 5 文字ずつ書いた。売りものに手をつけられた老婆は怒ったが、王羲之は「王右軍の書だと言えば、百銭になる」と答えた。その扇は飛ぶように売れ、再び、老婆は扇をもってせまったが、王羲之はただ笑うだけだったという。現在の題扇橋は清代の 1828 年にかけられたもので、ほとりには「晋王右軍題扇橋」の碑が立つ。また近くには書聖王羲之が筆や硯を洗ったとい

う墨池も位置する。

筆飛弄 笔飞弄 bǐ fēi nòng ビイフェイノォン ［★☆☆］
蕺山南麓、南北に走る細い路地の筆飛街。筆飛街という地名は、近くに邸宅を構えていた王羲之にちなみ、王羲之の手にしていた筆が突然舞いあがり、この巷に落ちたことから名づけられたという（紹興には筆架山や筆架橋など、王羲之に由来する地名が多く残る）。あたりは昔ながらの紹興の邸宅がぎっしりとならび、趣を残すなか、蔡元培故居が位置する。

浙江省

蔡元培故居 蔡元培故居
cài yuán péi gù jū ツァイユゥエンペイグウジュウ[★☆☆]

筆飛街の一角にひっそりと残る清末民国初期の教育者、学者の蔡元培（1868〜1940年）の故居。銭荘の家に生まれた蔡元培は、科挙に合格して清朝官吏となったが、やがて1898年、紹興に戻り、紹興中西学堂で校長をつとめ、革命派（光復会）として活動にするようになった。蔡元培は西洋の学問、自由思想を積極的に紹介し、ドイツ留学中の1911年に辛亥革命が起こった。中国に帰国した蔡元培は、初代教育総長、北京大学校長をつとめ、陳独秀や同郷の魯迅を北京大学にむかえ

▲左　中国を代表するエリートへのぼりつめた蔡元培の故居。　▲右　王羲之が筆を洗ったと伝えられる墨池

るなど、肩書や年齢を問わず、才能や能力のある人を登用した（また蔡元培と同じ浙江省出身の蒋介石と宋美齢の結婚式で立会人をつとめている）。日中戦争が拡大するなか、上海、香港へと拠点を移し、その墓は香港にあるが、蔡元培は生涯生まれ故郷の紹興酒を愛したという。蔡元培故居では、白の漆喰壁、黒の屋根瓦という江南の伝統的な建築のなか、蔡元培ゆかりの調度品や写真などの展示が見られる。

浙江省

蕭山街 蕭山街 xiāo shān jiē シャオシャンジエ ［★☆☆］

紹興旧城の玄関口にあたった北西の西郭門から、斜めに続く運河沿いを走る蕭山街。運河にはいくつも橋がかかり、店舗がならぶほか、繁華街の解放路にも近い。

三埭街 三埭街 sān dài jiē サンダイジエ ［★☆☆］

紹興旧城北部、新建北路からわきにはいった「E字型」をした3本の細い路地がならぶ三埭街。北から永福街、唐皇街、学士街と続き、紹興のなかでも趣の異なる混沌した界隈として知られてきた（中華人民共和国成立以前、堕民と呼ばれる

被差別民が多く住んでいた)。この地に暮らす人たちは、異民族の金にくだったことから蔑視されるようになった宋の民の末裔、明の洪武帝に反抗したためこの地に遷された人たちの末裔などとされてきた。一方で、唐代、三埭街の風水が「発皇の地」(皇帝の出るところ) とされ、周囲を運河に囲まれた地形をもつ「荷葉地」とも呼ばれた。またこれらの人びとは紹興の演劇の担い手として重要な役割を果たすこととなった。中華人民共和国成立以後、住民の多くは入れ替わって現在にいたる。

CHINA
浙江省

周恩来紀念館 周恩来纪念馆 zhōu ēn lái jì niàn guǎn
チョウオンライジイニィエングゥアン ［★★☆］

中華人民共和国の首相をつとめ、毛沢東のもと外交や内政で活躍した周恩来（1898〜1976年）。紹興は周一族が多く暮らす周恩来の原籍の地で、周恩来紀念館と周恩来祖居が通りをはさんで向かいあって位置する。この周恩来の一族は明代から続く「紹興の名門」保祐橋周氏と知られ、一族のひとりが100歳まで生きたことにちなんで、周恩来祖居は「百歳堂」の名前をもつ。周恩来の祖父が淮安知県となったため移住し、そこで周恩来は7人兄弟の末っ子として生まれた。日中戦争

▲左　周恩来の一族の邸宅、周恩来祖居。　▲右　扁額に調度品、周家は紹興を代表する名門

さなかの1939年、周恩来はこの祖先の地への里帰りを名目として、紹興を訪れ、先祖の墓参りをし、一族の族譜に自らの名前を記している（また大禹陵の参詣、烏蓬船に乗って農村を調査、越王台で演説を行なっている）。周恩来紀念館には周恩来の像が立つほか、日中戦争から戦後にいたる周恩来の写真などが展示されている。

CHINA
浙江省

八字橋 八字桥 bā zì qiáo バアツウチャオ ［★★★］

南宋時代の 1256 年に架橋された紹興を代表する八字橋。西側は八字橋直街へ続く「西方向」と「南方向」に、東側は広寧橋直街にそって「北方向」と「南方向」に緩やかな階段が続く。この橋を南側から見ると、東西の階段が「八の字」に見えることから八字橋という橋名になった。高さ 5m、長さ 4.5m、幅 3.2m ほどで下を船が通ることのできる立体的な構造をもち、水辺（船）と陸地、各方向の動線を 1 か所で結んでいる。あたりは八字橋歴史街区として整備され、運河の両側に「通り」と家屋の「庭」が一体となった空間では、水辺

▲左　南宋の1256年に創建された八字橋。　▲右　橋を通じて陸路と水路が立体交差する

に降りる階段、椅子を出して談笑する人びと、料理をする人、運河で洗いものをする人、新聞を読む人など水辺に親しんだ生活ぶりが見られる。水郷地帯の紹興では、宋代の橋が13、元明代の橋が41、清代の橋が550あると言われるなか、八字橋は現存する紹興でもっとも古い橋となっている。

水辺の人びと

「胡人は馬を交通手段にし、越人は舟を交通手段にする（南船北馬）」という言葉があるように、浙江省や江蘇省の街では運河をめぐらし、「船」を車代わりに、「運河」を道代わり

【地図】八字橋

【地図】八字橋の [★★★]
□ 八字橋 八字桥 バアツウチャオ

【地図】八字橋の [★★☆]
□ 広寧橋 广宁桥 グゥアンニィンチャオ

【地図】八字橋の [★☆☆]
□ 東街 东街 ドンジエ

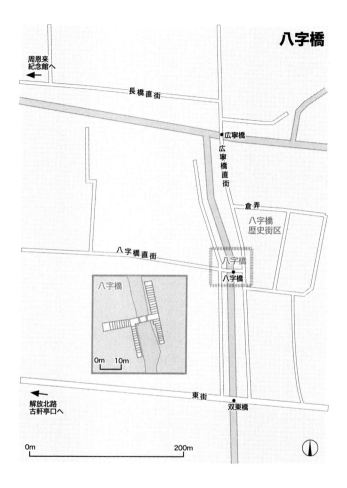

CHINA
浙江省

にしてきた。水運は陸上よりも多くの物資をかんたんに運ぶことができ、小さな運河から浙江の都市間を結ぶ浙東運河、さらに京杭大運河や海へつながっていた。人びとはこの水辺でものを洗ったり（水がきれいだった昔は運河の水を飲んだという）、橋をかけて、運河沿いに邸宅を構え、「小橋、流水、人家」という水郷景観をかたちづくっている。かつては自家用船に乗って出かけるという光景もあったが、20世紀以来、鉄道や車にとって代わられた。

広寧橋 广宁桥
guǎng níng qiáo グゥアンニィンチャオ [★★☆]

南宋時代に創建をさかのぼり、1574年に再建された広寧橋。古石橋の博物館と言われる紹興には、さまざまな様式の石橋が見られ、広寧橋は浙江省特有の七辺形のアーチをもつ石橋となっている（全長60m、幅5m）。北側の広寧橋から八字橋、東双橋の一帯は昔ながらの紹興の風情を伝える地区となっている。

浙江省

東街 东街 dōng jiē ドンジエ [★☆☆]

解放北路近くにかかる清道橋から、双東橋へと走る東街。明代、この一帯は坊口大街と呼ばれ、当時からにぎわいを見せていた。また双東橋のふもとから、北側の八字橋に向かって昔ながらの景色が残る。

Guide, Fu Shan
府山
城市案内

CHINA
浙江省

越王勾践の時代から
紹興の行政府がおかれてきた府山
2500年のあいだ紹興の中心だった

解放路 解放路 jiě fàng lù ジエファンルウ ［★★☆］

解放路は紹興中心部を南北に走る、この街の目抜き通り（解放北路と解放南路からなる）。明清時代は城内大街と呼ばれ、紹興旧城で最大の通りだった。北側の紹興駅から、大善寺塔の立つ城市広場、秋瑾が処刑された古軒亭口、魯迅故里から塔山へと続いている。

▲左　城市広場に立つ大善寺塔と紹興大劇院。　▲右　解放南路界隈のにぎわい

大善寺塔 大善寺塔 dà shàn sì tǎ ダアシャンスウタア[★☆☆]

紹興中心部に立つ高さ 40 mの大善寺塔。南朝梁代の 504 年に創建され、仏教寺院に敷設する塔だったが、この大善寺塔のみが残った。六角七層からなる塔は、いくども改修を繰り返して現在にいたり、あたりは市民憩いの城市広場となっている。

紹興大劇院 绍兴大剧院
shào xīng dà jù yuàn シャオシンダアジュウユゥエン[★☆☆]

切妻屋根を重ねあわせた、紹興名物の烏蓬船をモチーフとし

【地図】府山

【地図】府山の [★★★]
- [ ] 秋瑾烈士紀念碑 秋瑾烈士纪念碑 チィウジンリエシイジイニィエンベイ

【地図】府山の [★★☆]
- [ ] 解放路 解放路 ジエファンルウ
- [ ] 古軒亭口 古轩亭口 グウシゥアンティンコウ
- [ ] 府山横街 府山横街 フウシャンハァンジエ
- [ ] 紹興博物館 绍兴博物馆 シャオシンボオウグゥアン
- [ ] 倉橋直街 仓桥直街 ツァンチャオチイジエ
- [ ] 秋瑾故居 秋瑾故居 チィウジングウジュウ

【地図】府山の [★☆☆]
- [ ] 大善寺塔 大善寺塔 ダアシャンスウタア
- [ ] 紹興大劇院 绍兴大剧院 シャオシンダアジュウユゥエン
- [ ] 府山 府山 フウシャン
- [ ] 越王台 越王台 ユゥエワンタイ
- [ ] 大通学堂（大通師範学堂）大通学堂 ダアトォンシュエタァン
- [ ] 青藤書屋 青藤书屋 チンタァンシュウウゥ

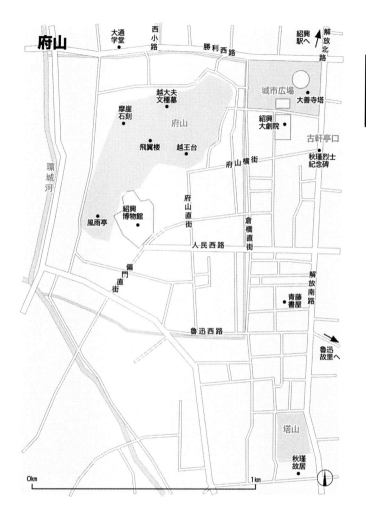

府山城市案内

浙江省

た外観をもつ紹興大劇院。女性たちによる越劇は京劇とならぶ人気を誇り、浙東地方に伝わる『梁山伯と祝英台』、別れた妻への未練を描く『陸游と唐琬』といった劇が演じられる。この地方に伝わる越劇、紹劇のほか、クラシックやオペラなどの演奏会が用途にあわせて大小ホールで開催される。

紹興演劇いろは

中国には300という地方劇があり、紹興の演劇は大きく嵊県で起こった越劇と、立ちまわりを得意とする紹劇にわかれる。越劇よりも紹劇のほうが伝統は古く、明代の紹興は蘇州とな

Shaoxing 府山城市案内

らんで演劇で名をはせ、紹劇はその紹興大班や紹興乱弾の伝統を受け継ぐ（南宋と金でそれぞれ発展した南北の演劇が元代にいたって融合した）。紹興では街角の祠や道教廟、農村で行事ごとに劇が上演され、結婚、誕生日、出産の祝いで劇団が呼ばれることもあった。船に乗って観劇する水上舞台があったほか、演劇の担い手は唐皇街、学士街、永福街の三隶街に多く暮らした。現在、京劇と人気を二分する越劇は、20世紀に入ってから紹興に隣接する農村地帯の嵊県で生まれたのち、上海で磨かれ、おもに女性だけで上演することを特徴とする。

浙江省

古軒亭口 古轩亭口
gǔ xuān tíng kǒu グウシゥアンティンコウ [★★☆]

解放路と府山横街のつくる「丁字路」の古軒亭口。明清時代から紹興屈指の繁華街だったところで、かつて人びとの娯楽でもあった処刑がここで行なわれた（紹興では古軒亭口で斬刑、小教場で絞首刑が執行された）。女性革命家の秋瑾が処刑された場所でもあり、秋瑾より6年遅れて生まれた魯迅は小説『薬』のなかでそのときの様子と「丁字路」について記している。

▲左　古軒亭口に立つ秋瑾烈士紀念碑。　▲右　質屋を意味する「當」、魯迅の小説でも質屋が登場する

秋瑾烈士紀念碑 秋瑾烈士纪念碑 qiū jǐn liè shì jì niàn bēi チィウジンリエシイジイニィエンベイ ［★★★］

秋瑾は清朝末期に活躍した女性革命家で、辛亥革命直前の1907年、志なかばに処刑された場所に秋瑾烈士紀念碑が立つ。官吏の家庭に生まれ、紹興で育った秋瑾は、日本への留学をへて、「男女平等」「纏足の廃止」などを求めて革命派に加わった。紹興の大通学校において校長をつとめるなど、男まさりの器量をもっていたが、革命の計画が清朝にもれ、古軒亭口で斬首刑となった。秋瑾は「家族に手紙を出したい」「処刑にあたって服を脱がさないこと」「処刑後、首をさらさ

CHINA
浙江省

ないこと」を望み、うしろふたつは聞き入れられた。府山麓の山陰県署から越王台前をへて、府山横街、古軒亭口にいたった秋瑾は、死にあたって「秋雨秋風愁殺人」と口にした。当時の中国では、死刑となった人びとの内蔵や血を漢方薬に利用する迷信が信じられ、秋瑾と同時代に生きた魯迅は『薬』のなかでその人血饅頭について記している。高さ10mの秋瑾烈士紀念碑は、秋瑾死後の1930年に建てられた。

府山横街 府山横街
fǔ shān héng jiē フウシャンハァンジエ [★★☆]

府山南麓から古軒亭口へと東に伸びる府山横街。このあたりは古くから紹興でもっともにぎわう場所だったところで、人びとの集まる道教廟、市場が立っていた。明清時代もそのにぎわいは続き、現在も商店や料理店がならぶ。また越王台からまっすぐ南に伸びる府山直街、府山の地形にあわせるように、屈曲しながら偏門直街が走る。

浙江省

府山 府山 fǔ shān フウシャン [★☆☆]

紹興旧城の西部にそびえる府山。紀元前5世紀の越の時代から、紹興の行政府がおかれてきた場所で、「行政府のある山」を意味する。また龍の横たわる臥龍山とも、越王勾践が臣下の文種を埋葬したことから、種山ともいう。頂に立つ飛翼楼（望海亭）、秋瑾が死にあたって口にした「秋雨秋風愁殺人」から名づけられた風雨亭、越王勾践に仕えた越大夫文種墓、789年の題字のある摩崖石刻などが位置する。上部からは会稽山や銭塘江をのぞむ風光をもち、かつては紹興の都市神をまつる城隍廟も立っていた（日中戦争時代は日本軍の砲撃を

▲左　府山頂上にそびえる飛翼楼。　▲右　越王勾践の時代より府山界隈に行政府がおかれてきた

受けて、緑がなくなっていた）。明清時代、『陶庵夢憶』を記した紹興人張岱の邸宅も府山南麓にあったという。

越王台 越王台 yuè wáng tái ユゥエワンタイ ［★☆☆］

春秋越の行政府が再現された越王台。紹興は、紀元前490年、越王勾践に仕える范蠡によって、近くの河川や地形を利用して築かれた。その中心となる行政府は、府山（臥龍山）の南側におかれ、府山を囲むように周囲に水路が走る（紹興に城がつくられたのは、敵対関係にあった呉が紀元前514年につくった蘇州城に対抗したものだともいう）。呉越の戦いのな

CHINA
浙江省

かで紀元前473年、越は呉を破って覇を唱えたが、やがて紀元前334年、楚に敗れた。越以後も、紹興知府は府山麓に構えられ、紹興の中心となってきた。現在の越王台は20世紀末に再建されたもので、石で組まれた基壇のうえに楼閣が載る様式となっている。

▲左　越の人たちは高床式の住居で暮らした。　▲右　前方に青銅の剣が見える紹興博物館

紹興博物館 绍兴博物馆
shào xīng bó wù guǎn シャオシンボオウウグゥアン[★★☆]

府山南麓の偏門直街に位置する紹興博物館。入口には高さ12.8m、重さ8トン、「紹興名城記」が記された青銅の剣状の碑が立つ。「大越崛起」「築城建都」「礼楽化民」「耕戦併挙」「陶瓷毓秀」「金石流芳」「越地遺風」といったテーマごとに展示が続き、新石器時代の土器や鼎、高床式住居、呉越の争いで知られる越王の剣、青銅製の鐘、玉製の璧、上虞などから出土した陶磁器、三国時代の紹興鏡といった逸品を収蔵する。またこの地で育まれた越劇や越窯青磁の調査研究も行なっている。

浙江省

長江下流域の呉越文化

古代越では、断髪文身の習慣があり、中原からは蛮夷とされる非漢族の人びとが暮らしていた。紹興東の河姆渡遺跡では紀元前5000年の稲作文化が見られ、この黄河文明に匹敵する高い水準の長江文明は20世紀になってから発見された。それらを受け継いだのが春秋時代の呉越で、土地は豊かで、鉱物にも恵まれたことから中国を代表する銅剣の産地となっていた（また後漢以後は、銅鏡や陶磁器でも有名となった）。越と倭の古代音は同じだったと言われ、弥生時代に渡来した日本の稲作文化は越と関係すると考えられている。

倉橋直街 仓桥直街
cāng qiáo zhí jiē ツァンチャオチイジエ［★★☆］

運河のほとり、紹興の伝統的な街並みを残す倉橋直街。石畳の通りの両側には、馮家台門や華家台門など紹興の民居が残る。また水路を行く烏蓬船、水辺に通じる階段、運河にかかる石橋も見られ、あたりは越子城歴史街区に指定されている。

浙江省

大通学堂（大通師範学堂）大通学堂
dà tōng xué táng ダアトォンシュエタァン ［★☆☆］

府山北麓の地には、古くは科挙を行なう貢院がおかれ、清代には年貢米を保管する官倉があった。19世紀になって清朝が没落するなか、近代的な教育改革が模索され、この地に1905年、大通学堂が開校した。表向きは清朝のための体育専科の学校とされたが、実際は徐錫麟、陶成章ら革命派の軍の人材養成、軍事訓練が行なわれ、鉄砲、弾丸も隠されていた。浙江省では「異民族の清朝支配を終え、旧業を回復する」革命派の光復会が組織され、蔡元培、魯迅、秋瑾らが参

▲左　革命派が軍事訓練を行なった大通学堂。　▲右　石だたみの街並みが続く倉橋直街

加した（やがて孫文の興中会、黄興、宋教仁らの華興会と合流した）。大通学堂では、中国語のほか、英語、日本語、算術、体操などが教えられ、1907年、女性革命家の秋瑾がこの学堂の校長に就任している。秋瑾は自宅からふたりの船夫のこぐ花浪船で通い、革靴をはいて馬上に乗って訓練をしたという。1907年、安徽省で徐錫麟の蜂起が失敗に終わると、徐錫麟は生きたまま心臓をえぐりとられ、秋瑾もとらえられて軒亭口で斬首刑にされた（1911年、辛亥革命が成功している）。

Guide,
Shao Xing Zhan
紹興駅
城市案内

杭州の対岸西興から紹興へと続く浙東運河
長いあいだこの街の玄関口だった西郭門
その東 1 kmに紹興駅がつくられた

西小路 西小路 xī xiǎo lù シイシャオルウ［★☆☆］
府山北麓の護城河から運河にそって走る西小路老街。白の漆喰壁、黒の屋根瓦の江南伝統民居が残り、軒先にかかる提灯、住宅と運河のあいだの水辺空間が広がる。運河にかかる橋、水路をゆく烏蓬船、紹興名物の霉乾菜をほすといった庶民の生活ぶりも見られる。

光相橋 光相桥
guāng xiàng qiáo グゥアンシィアンチャオ［★☆☆］
西郭門近く、浙東運河に続く水路にかかる長さ 20m の光相

【地図】紹興駅

【地図】紹興駅の [★★★]
- [ ] 秋瑾烈士紀念碑 秋瑾烈士纪念碑 チィウジンリエシイジイニィエンベイ

【地図】紹興駅の [★★☆]
- [ ] 中国黄酒博物館 中国黄酒博物馆 チョングゥオフゥアンジョウボオウグゥアン
- [ ] 解放路 解放路 ジエファンルウ
- [ ] 府山横街 府山横街 フウシャンハァンジエ
- [ ] 紹興博物館 绍兴博物馆 シャオシンボオウグゥアン

【地図】紹興駅の [★☆☆]
- [ ] 西小路 西小路 シイシャオルウ
- [ ] 光相橋 光相桥 グゥアンシィアンチャオ
- [ ] 西郭門 西郭门 シイグゥオメン
- [ ] 大善寺塔 大善寺塔 ダアシャンスウタア
- [ ] 紹興大劇院 绍兴大剧院 シャオシンダアジュウユゥエン
- [ ] 府山 府山 フウシャン
- [ ] 越王台 越王台 ユゥエワンタイ
- [ ] 大通学堂（大通師範学堂）大通学堂 ダアトォンシュエタァン

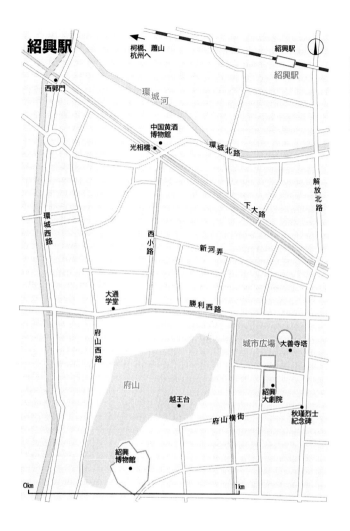

Shaoxing 紹興駅城市案内

浙江省

橋。紹興を代表する橋のひとつで、下を船が通過できるよう高さ4mのアーチをもつ。光相橋という名前はそばにあった光相寺にちなみ、明代の1567年に現在の姿となった。橋には仏教の蓮花座の意匠や、南無阿弥陀仏の文言が見られる。

中国黄酒博物館 中国黄酒博物馆 zhōng guó huáng jiǔ bó wù guǎn チョングゥオフゥアンジョウボオウウグゥアン[★★☆]

江南で収穫された糯米と、ミネラルをふくんだ鑒湖の水を使って醸造する紹興酒をあつかった中国黄酒博物館。紹興酒（黄酒）は製造方法によって元紅酒・加飯酒・善醸酒・香雪

Shaoxing | 紹興駅城市案内

酒の4種類に分類され、とくに加飯酒を長期間寝かせた花雕酒が知られる。北宋時代の杭州で記された『北山酒経』の製麹法、造酒法が現在の紹興酒に通じ、清朝康熙帝の時代、醸造規模が拡大したことで、紹興酒の名が知られるようになった。アルコール度15％ほどの紹興酒の醸造方法は中国から日本酒に伝わっているものの、アミノ酸の違いなどから紹興酒は黄色い（麹で発酵させる醸造方法は東アジア特有のもの）。この地には長らく伝統的な方法で紹興酒を醸造する紹興醸造酒廠があり、現在は中国黄酒博物館が開館している。紹興酒の歴史や文化、醸造法の展示のほか、絵づけした壺、

浙江省

陶器入りの瓶なども見える。

中国のお酒

日々の嗜好、疲労回復、栄養補給にかかせないお酒は、中国では新石器時代から飲まれていた。杜康が食べ残したご飯をほおっておいたら「発酵してお酒になった」という伝説も残り、会稽山脈に発するミネラル分たっぷりな水、麦麹を使った紹興酒は中国を代表するお酒にあげられる。2500年以上の伝統をもつ紹興酒や福建老酒といった黄酒（醸造酒）と、元代以降飲まれるようになった比較的新しい茅台酒、汾酒

▲左　2500年以上、この地で愛されてきた紹興酒。　▲右　運河を行く烏篷船が見える

といった白酒（蒸留酒）が中国酒の双璧をなす。豊かな米と清らかな水を有する紹興は、中国随一の酒どころで、この地では女の子の誕生とともに酒瓶を地中に埋め、結婚するにあたって掘り出す習慣も続いていた。紹興酒の瓶を積んだ小舟が水路をゆく姿は紹興の風物詩だった。

西郭門 西郭门 xī guō mén シイグゥオメン ［★☆☆］
杭州方面の浙東運河に通じ、紹興の玄関口だったことから迎恩門とも言った西郭門。ここは杭州対岸の西興や上海方面へ向かう定期船が出た船着場で、あたりには茶館や酒場が立ち

浙江省

ならんでいた(西興まで夜行船に乗ってひと晩の距離だった)。天台山に向かった日本僧の成尋(1011～1081年)が西興に1泊したあと、西郭門で宿をとったという記録を残している。

魯迅もたどった上海、北京への道

上海や北京と故郷紹興を往来した魯迅。上海と杭州間の鉄道が1909年に完成する以前は、紹興から上海まで3～4日かかったと言われる。紹興西郭門から杭州対岸の西興まで50kmの距離を汽船で6時間近く、船では7～15時間程度かか

Shaoxing 紹興駅城市案内

り、そこから上海へ向かう行程だった（杭州から紹興、寧波へ続く杭甬鉄路は1914年に完成し、浙東運河を往来する船は役割を終えた）。杭州から北京への鉄道が開通してからは、列車で西興対岸の杭州「南星橋駅」から「上海南駅」へ。「上海南駅」から「上海北駅（今の上海駅）」まで移動し、南京「下関駅（今の南京西駅）」へ。長江を船で渡り、対岸の「浦口駅」から津浦線に乗って「天津駅」へ。「天津駅」から天安門南の前門にある「北京駅」へたどり着いた。

CHINA
浙江省

浙東運河（運河園）浙东运河
zhè dōng yùn hé チャアドォンユゥンハア [★☆☆]

杭州から紹興をへて寧波を結ぶ浙東運河。六朝時代（3〜6世紀）ごろには機能していたとされ、隋代の610年に完成した京杭大運河の延長線という性格があった。寧波に着いた遣唐使や栄西や道元といった鎌倉の仏教僧、雪舟をはじめとする遣明使は、みなこの浙東運河を伝わって都へ向かっている。

紹興の食ひともの

CHINA
浙江省

米と魚を育む豊かな土地
美しい水と米を麹で醸造させたお酒
長いあいだ鵜飼も行なわれた紹興の風土

紹興の食文化

杭州料理、寧波料理とともに浙江料理を構成する紹興料理。「魚米の郷」紹興では会稽山系の豊かな水で育まれた淡水魚、蝦や蟹、米を使った料理を特徴とし、乾燥させた霉乾菜とその霉乾菜を使った肉料理、越鶏のスープ清湯越鶏、エビ団子などが知られる（また朝食で冷や飯にお湯をかけてお茶づけにする杭州人に対して、紹興人は手間をかけて鍋で米を煮炊きして食べるといった違いがあるという）。紹興料理にあわせて紹興酒を飲むほか、料理酒としても紹興酒が使われる。また紹興近郊の平水茶は銘茶と知られ、このあたりのお茶は、

栄西が日本にもち帰った茶樹に近い品種だという。

中国を代表する越劇

呉方言を使った越劇は、紹興郊外の嵊州で生まれた。1906年、農村地帯で流行していた「落地唱書」をはじまりとし、家系の足しに演じていた農民たちが上海に進出した。当初、小さな茶館や街角で上演していたが、上海の人びとにはなかなか受け入れられず、京劇や話劇の要素をとり入れながら徐々に人気を博していった。とくに1940年代、男性役をふくめて女性だけで演じることで越劇の人気に火がついた（女性が劇

▲左　街は変貌を続けるが、ところどころに水郷の面影が残る。　▲右　雨をさける変形型の傘

をすることは大変めずらしいことだった)。『紅楼夢』『梁山伯と祝英台』といった演目で知られ、その成立はきわめて新しいが、京劇と人気を二分するまでに発展した。

人材の輩出

「海と山の精気が秀才を生む」と言われ、紹興は宋代から多くの科挙合格者を出し、明清時代の学者王陽明、黄宗羲、朱舜水らは紹興管轄だった余姚を出身とする。滋味豊かな土地、人口の稠密さから紹興を離れて、他国に読書人階級として移住したのも紹興人で、中国の官公庁ではまわりを見渡せば紹

【MEMO】

CHINA
浙江省

興人と言われた時代もあった(明清時代、正式な官吏ではない読書人階級の紹興詩爺の存在が知られ、紹興詩爺は官吏の幕下で、税務、法律、文書作成を行なった)。中国の国民的作家魯迅、女性革命家の秋瑾、教育者蔡元培、総理周恩来(原籍が紹興)など、近代も紹興は優秀な人材を多数輩出し、毛沢東は「鑒湖越臺名士郷(紹興は名士たちの郷)」とたたえている。また調理人や門番、衣服店、床屋などでも江南各地に紹興人が進出していった。

▲左　数々のドラマを生んできた会稽山。　▲右　紹興の中心、城市広場にて

西施の故郷

「越女斉姫」という言葉があるように、古くから紹興は美女の産地として知られてきた。紹興南西に位置する諸曁は、王昭君、貂蝉、楊貴妃とならぶ中国四大美女のひとり西施の故郷とされる。呉越の戦いのなかで、越の宰相范蠡は敵国の呉王夫差に美女を送り、虜にさせる作戦をたてた。20人の選りすぐりの美女から、最後の5人が選ばれ、そのなかのひとり西施は習いごとやたしなみの特訓を受けて呉王夫差のもとへ送られた。呉王夫差はこの西施におぼれて国を顧みず、紀元前473年、越は宿敵の呉を滅ぼした。この美女「西施」が

CHINA
浙江省

顔をしかめていたのを見た醜女「東施」が同じように真似をしたら物笑いになったことを「ひそみに倣う」という。

Guide,
Xi Pian Men Wai
西偏門外
城市案内

CHINA
浙江省

紹興旧城、周囲180kmに渡って
広がっていたという鑑湖
現在はその一部が残る

鑑湖 鉴湖 jiàn hú ジィエンフウ [★☆☆]

紹興旧城西の柯橋から紹興旧城南側に広がる鑑湖。春秋越時代の紹興一帯は、南の会稽山系から北の杭州湾まで非常に急な地形で、たびたび洪水を起こしていた。こうしたなか、後漢の140年、会稽県太守の馬臻によって治水と干ばつの備えの貯水湖として、紹興南側に巨大な人造湖がつくられた。この鑑湖の工事では華北の灌漑技術が使われ、水田より3m高く、会稽山系から36本の河川の流れを集めることに成功した。紹興の農業生産力は向上したが、宋代から土砂の堆積や農地化が進んで小さくなっていった(かつては「鑑湖八百里」

と言われ、今よりはるかに広い周囲180kmからなる大人造湖だった)。「稽山鏡水（会稽の山と鑒湖の水)」とたたえられ、六朝の王羲之や南宋の陸游といった文人たちに愛される湖だった。

馬太守廟 马太守庙
mǎ tài shǒu miào マアタイショウミャオ [★☆☆]

紹興旧城外の鑒湖ほとりに立つ馬太守廟。後漢時代の会稽郡の太守馬臻をまつった廟で、馬臻は140年、巨大な人造湖鑒湖を造営した（中国ではその街に貢献した官吏などが後世、

【地図】西偏門外

【地図】西偏門外の [★☆☆]
- ☐ 鑒湖 鉴湖 ジィエンフウ
- ☐ 馬太守廟 马太守庙 マアタイショウミャオ
- ☐ 鐘堰禅寺 钟堰禅寺 チョンヤンチャンスウ
- ☐ 三山 三山 サンシャン
- ☐ 西郭門 西郭门 シイグゥオメン

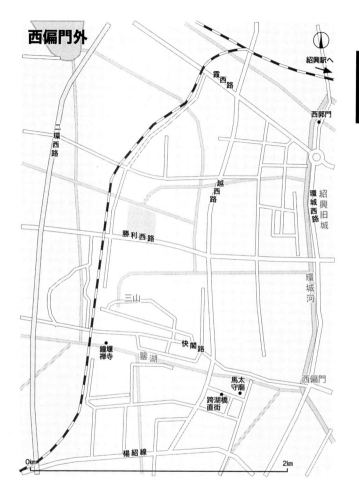

CHINA
浙江省

道教の神さまとして信仰される)。馬太守の位牌を安置するほか、鑒湖にのぞむ水上戯台も見られる。

鐘堰禅寺 钟堰禅寺
zhōng yàn chán sì チョンヤンチャンスウ [★☆☆]

鑒湖にのぞむ仏教寺院の鐘堰禅寺。黄色の壁、四隅のそりあがった屋根、鑒湖に突き出した水上戯台で知られる。魯迅は『社戯(村芝居)』のなかで「村はずれの川にそった空地にそびえ立つ舞台で夜を徹して行なわれる芝居」について記していて、鐘堰禅寺では烏篷船に乗って観劇するという『社戯(村

芝居)』の世界が広がっている。

三山 三山 sān shān サンシャン ［★☆☆］

西偏門外に位置する三山（石堰山、韓家山、行宮山）界隈で、南宋の詩人陸游（1125〜1210年）は晩年を過ごした。金に華北を占領されたなか、故郷の紹興へ戻ってきた陸游は、父の影響もあり、主戦論者となっていた。都杭州で国史編纂官をつとめ、四川へ派遣されるにあたって記した紀行文学『入蜀記』、別れた元妻唐琬との沈園での再会を描いた『釵頭鳳』で知られる。この陸游は1165年、あえて市街から離れて鑒

CHINA
浙江省

湖ほとりに快閣を構え、農民たちとともに晩年を過ごした。9000首以上の詩(『剣南詩稿』)を残し、南宋四大詩人、また北宋の蘇東坡にならび称される。

【地図】紹興近郊

【地図】紹興近郊の［★★★］
- ☐ 蘭亭 兰亭 ランティン
- ☐ 大禹陵廟 大禹陵庙 ダアユウリンミャオ
- ☐ 魯迅故里 鲁迅故里 ルウシュングウリイ

【地図】紹興近郊の［★★☆］
- ☐ 大禹陵 大禹陵 ダアユウリン
- ☐ 東湖 东湖 ドォンフウ
- ☐ 解放路 解放路 ジエファンルウ

【地図】紹興近郊の［★☆☆］
- ☐ 印山大墓 印山大墓 インシャンダアムウ
- ☐ 柯橋 柯桥 カァチャオ

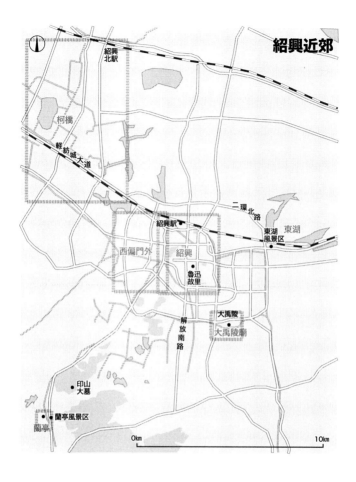

【MEMO】

CHINA
浙江省

Guide, Lan Ting
蘭亭鑑賞案内

都から離れた風光明媚な蘭亭
353年、王羲之はここに名士たちを集め
禊をしてから曲水の宴を開いた

蘭亭 兰亭 lán tíng ランティン ［★★★］

353年、東晋時代の書聖王羲之が六朝貴族を集め、曲水の宴を行なった蘭亭（王羲之は曲水の宴にさかのぼる351年、都南京から会稽の地に赴任している）。そのとき王羲之は「永和九年、歳は癸丑に在り。暮春の初め、会稽・山陰の蘭亭に会す。禊事を修むるなり」からはじまる『蘭亭序』を記した。この序文の行書は「中国最高の書」と言われ、当日の様子、王羲之の生と死への考え、集まった人たちの名前と詠まれた詩が編纂されている。唐の太宗（598〜649年）が『蘭亭序』の真蹟を抱いて昭陵に入ったことから、残っているものはす

【地図】蘭亭

【地図】蘭亭の [★★★]
- 蘭亭 兰亭 ランティン

CHINA
浙江省

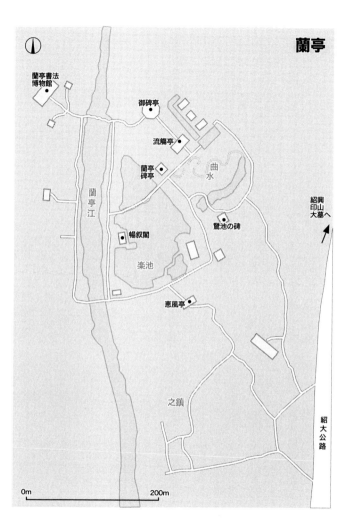

CHINA
浙江省

べて贋作で、欧陽詢のものが知られる。鵞を王羲之、池を王献之が書いたという「鵞池の碑」、正殿にあたる「流觴亭」、康熙帝の碑が残る八角形の「御碑亭（八角亭）」、1980年に整備された「曲水」などが残る。「亭」は古くは「宿場」をさし、蘭亭とは「蘭の咲く宿場」を意味したが、のちに「亭」が建物を意味するようになり、名前だけが昔のまま残った。紹興旧城南西14kmの現在の蘭亭は、明代に遷されたもので当時の場所とは異なる。

▲左　王羲之の主宰する曲水の園が行なわれた。　▲右　王羲之の筆による見事な「鵞池」

曲水の宴とは

353年、王羲之とその一族の王玄之、王献之、謝安、許詢、孫綽といった六朝の名門貴族総勢42名が集まって行なわれた曲水の宴。屈曲した小川の上流から、酒の杯を流し、それが流れてくるまでに即興詩を詠む。もしも詠めなければ、罰として酒杯をあけなくてはならない（15人が詩をつくれず酒を飲むことになった）。27人のつくった38首の詩を王羲之がまとめて『蘭亭序』を記した。曲水の宴が行なわれた3月3日は、水辺で身を洗い清める禊の行事（陰暦3月3日を春禊、7月14日を秋禊）にあたり、やがて禊の日に人びと

浙江省

が集まって酒を飲んだり、詩を詠む行事が一般化し、日本にもその習慣は伝わった。王羲之の書は古くから日本でも親しまれ、魯迅は杭州の師範学堂で教師をしていたとき、日本人を蘭亭に招待したという。

六朝貴族と会稽

3〜6世紀、南京を都においた呉・東晋・宋・斉・梁・陳を六朝と言い、異民族の侵入を受けた華北に対して、書画や芸術など華やかな貴族文化が咲き誇った。政治、芸術ともにその担い手となったのが世襲制の門閥貴族で、とくに琅邪の王

▲左　書は人なり、王羲之の書は日本にも伝わっている。　▲右　蘭亭奥に残る八角形の御碑亭

氏、河南の謝氏が名門中の名門だった。また六朝では、宮仕えを第一とする儒教的な権威に対して、自然のなかで隠遁する老荘思想が流行し、都南京から離れた会稽山は、隠者の理想の地とされた（乾燥した華北と違って、江南には豊かな自然が広がっていた）。王羲之は浙江を渡って会稽を「終焉の地」とし、王羲之の山陰蘭亭のほかにも謝安の東山別荘、謝霊運の始寧山荘といった名門貴族の荘園があった。この時代、山水画、田園詩が発達し、貴族たちは都会から離れて清談したり、交遊を楽しんだ。

浙江省

印山大墓 印山大墓
yìn shān dà mù インシャンダアムウ [★☆☆]

蘭亭の北東 1kmに位置する高さ 26m の丘陵に残る印山大墓。紀元前 490 年、越王勾践によって紹興城が築かれる以前の都がこのあたりにあり、越王勾践の父允常が葬られている（越の祖先を夏王朝の禹王に結びつけ、第 6 代少康が会稽に封ぜられたというが、実際は允常以前のことははっきりとしていない）。この印山大墓は長さ 46m になる竪穴式墓室で、石の剣、玉器、漆器が出土している。

Guide, Kuai Ji Shan
会稽山鑑賞案内

紹興旧城の東南4kmにそびえる会稽山系の麓
禹の墓にあたる大禹陵と
祭祀を行なう禹廟からなる大禹陵廟

大禹陵廟 大禹陵庙 dà yǔ líng miào ダアユウリンミャオ [★★★]

堯舜についで帝王となった神話上の人物で、夏王朝の創始者とされる禹がまつられた大禹陵廟。禹は父の鯀が堤防を築いて治水に失敗したのに対して、黄河の流れを分散することで治水に成功したと伝えられる(古代世界では農耕に直結する治水や土木工事を通じて大きな権力が生まれた)。禹は中国各地の諸侯をこの地に集め、彼らの論功行賞を行なったことから、「会計、会め稽る、あつめはかる」を意味する会稽という紹興の古名が起こった。禹はまもなくこの地で逝去し、埋葬されたことから禹廟とともに大禹陵が残る。この大禹陵

廟が建てられたのは漢（前202〜8年）代だとも、梁（502〜557年）代だとも言われ、宋代建設の石坊、広大な敷地のなか神道が伸びる。現在の建物は明代に整備され、その後も再建が繰り返されている。禹が黄帝の『水経』をこの地の穴のなかで発見し、その通りに治水をしたら、うまくいったことから禹穴ともいう。

大禹陵 大禹陵 dà yǔ líng ダアユウリン ［★★☆］
会稽山系を背後に、前方に禹池をのぞむ大禹陵。夏王朝を創始した禹は四川省西部に生まれ、中国各地をおさめるため家

【地図】大禹陵廟の [★★★]
- [ ] 大禹陵廟 大禹陵庙 ダアユウリンミャオ

【地図】大禹陵廟の [★★☆]
- [ ] 大禹陵 大禹陵 ダアユウリン
- [ ] 禹廟 禹庙 ユウミャオ
- [ ] 会稽山 会稽山 クゥアイジイシャン

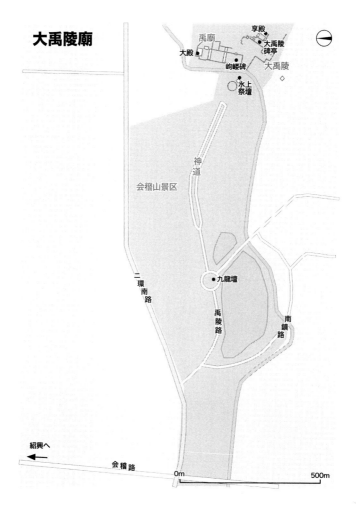

CHINA
浙江省

に帰らず、質素な身なりで力仕事にはげみ、爪やすね毛がなくなるほどだったという(そこから後ろ足を前に出さずに歩く、禹歩が生まれた)。禹は即位10年後、会稽の地でなくなり、実際にこの地を訪れた漢代の司馬遷は「帝禹は狩をして東方に遊び、会稽山に来たとき崩御した」(『史記』)と記している。質素さを旨とした禹らしく、下は地下水にあたらず、上は遺体の臭気のしないほどの墓が築かれ、副葬された衣服は3枚、わずかの土をもって陵墓にしたという。現在の大禹陵は明代以降に再建されたもので、明代の南大吉の筆による「大禹陵」の文字が刻まれた大禹陵碑亭、その奥に享殿が残る。

▲左　明代の南大吉の筆による「大禹陵」。　▲右　四隅のそりあがった大禹陵享殿

禹廟 禹庙 yǔ miào ユウミャオ［★★☆］

大禹陵とちょうど直角に交差するように、伽藍が南面に展開する禹廟。禹の位牌がおかれた祭祀を行なう廟で、禹が治水のときに立てたという岣嶁碑（今の漢字よりも古い古代文字70字が刻まれている）、午門、拝庁と続き、大殿が正殿にあたる。秦の始皇帝（前259〜前210年）もこの地を訪れ、禹への祭りを行ない、会稽山に天下統一の偉業を記念する石碑を立てている。

浙江省

中国最初の王朝

紀元前2070年ごろ、禹によって開かれた中国最初の夏王朝。堯から舜、舜から禹へは禅譲によって帝位が譲られたが、禹を継いだのは禹の子の啓で、以来、17代、父から子へ世襲によるはじめての王朝となった。夏から殷、周へと続く黄河文明の中心は、華北の中原にあり、禹は中国全土を9つの州にわけ、江南はそのうちのひとつ揚州にあたった（殷周革命は、紀元前1600年ごろ）。当時の中華世界にあって、会稽は最果ての地にあたり、中国各地にある禹廟のなかで、この最果ての紹興が禹の終焉地とされる。時代はくだった紀元前5

▲左 治水を成功させ、夏王朝を開いた禹の像。 ▲右 「廟」と「陵」は、「仏壇」と「墓」の関係にあたる

世紀ごろ、紹興に都をおいた越は、自らの正当性を主張するためにこの禹の子孫を自認した。

会稽山 会稽山 kuài jī shān クゥアイジイシャン ［★★☆］

紹興南東4kmの禹王陵廟から南へ向かって伸びる会稽山系。神仙の世界に通じる自然が広がり、古くから聖性をもつ五鎮山のひとつとされてきた。禹や舜といった神話上の王にまつわる伝説が残るほか、春秋時代の呉越の戦いで越王勾践がたてこもり、「会稽の恥」を受けたことでも知られる（呉軍に包囲された越王勾践は、恥をしのんで降伏し、命乞いをした）。

浙江省

王羲之や謝安といった名士がここに遊び、最高峰1195mの東白山、越王勾践が欧冶子をして剣を鋳造させた日鋳嶺、重陽節に紹興の人びとが登る香炉峰などが位置する。洞窟や奇岩が多く、現在は風景区にも指定されている。

ことわざになった呉越の戦い

春秋時代（紀元前5世紀）、黄河中流域から離れた呉越の地には「文身断髪」の非漢族が暮らし、蘇州を都とする「呉」と、紹興を都とする「越」ははげしい戦いを繰り広げていた。犬猿の仲を意味する「呉越の仲」、敵対者同士が同じ場所に会

会稽山鑑賞案内 Shaoxing

する「呉越同舟」、薪を強いて寝て、胆をなめて復讐を誓う「臥薪嘗胆」、耐え難い恥を挽回する「会稽の恥を雪ぐ」といったことわざは、この呉越の戦いのなかから生まれた（越王勾践に敗れた呉王夫差は「臥薪」して、ついに越を会稽山で破った。越王勾践は「嘗胆」して屈辱に耐え、復讐の機会をさぐり、紀元前473年、「会稽の恥」を雪いだ）。

Guide,
Shao Xing Jiao Qu
紹興郊外
城市案内

会稽山から杭州湾へ流れる曹娥江
景勝地東湖や南宋皇帝の眠る宋六陵
また開発区では高層ビルが林立する

東湖 东湖 dōng hú ドォンフウ ［★★☆］

紹興の街の東に位置する東湖は、嘉興の南湖、杭州の西湖とともに浙江三大湖にあげられる。もともとこの地には石切山があり、採石と涓泉河の流れによる浚渫で、絶壁や洞窟、奇岩がつくられた。船を浮かべれば水墨画で描かれたような景色が続き、紹興を代表する景勝地となっている。越王勾践が猟犬をここで育てたことに由来する「吼山」、両脇から岩石が門のようにせまり、桃のかたちをした姿から名づけられた「仙桃洞」、また「喇叭洞」や「陶公洞」などの洞窟が位置する。紹興独特の烏蓬船で進むことができる。

【地図】紹興郊外

【地図】紹興郊外の ［★★★］
- ☐ 蘭亭 兰亭 ランティン
- ☐ 大禹陵廟 大禹陵庙 ダアユウリンミャオ

【地図】紹興郊外の ［★★☆］
- ☐ 東湖 东湖 ドンフウ

【地図】紹興郊外の ［★☆☆］
- ☐ 宋六陵 宋六陵 ソォンリゥウリン
- ☐ 曹娥廟 曹娥庙 ツァオオミャオ
- ☐ 紹興袍江経済技術開発区 绍兴袍江经济技术开发区 シャオシンパオジィアンジンジイジイシュウカイファアチュウ
- ☐ 鎮塘殿 镇塘殿 チェンタァンディエン
- ☐ 三江閘 三江闸 サンジィアンチャア
- ☐ 紹興濱海新城 绍兴滨海新城 シャオシンビンハァイシンチャン
- ☐ 平水 平水 ピンシュイ
- ☐ 雲門寺 云门寺 ユンメンスウ
- ☐ 舜王廟 舜王庙 シュンワンミャオ
- ☐ 印山大墓 印山大墓 インシャンダアムウ
- ☐ 柯橋 柯桥 カァチャオ
- ☐ 安昌古鎮 安昌古镇 アンチャングウチェン

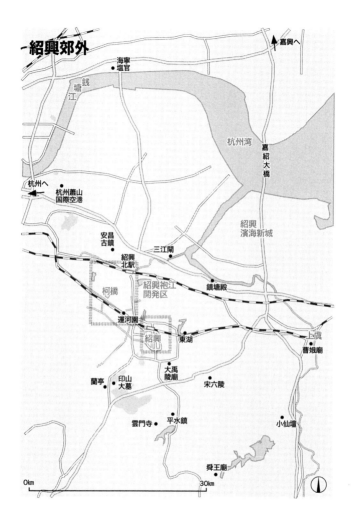

浙江省

宋六陵 宋六陵 sòng liù líng ソォンリィウリン [★☆☆]

宋六陵は紹興南東の宝山に展開する、6人の南宋（1127〜1279年）皇帝をまつった皇帝陵墓群。高宗（永思陵）、孝宗（永阜陵）、光宗（永崇陵）、寧宗（永茂陵）の「南陵」、理宗（永穆陵）、度宗（永紹陵）の「北陵」からなる。北宋の都は開封にあったが、華北を金に奪われたため、杭州に南遷した。本来、北宋皇帝とともに河南鞏義にまつられるはずだったため、ここは殯宮（仮にほうむる「あらきのみや」）で簡素な陵墓となっている。南宋を滅ぼした元（1271〜1368年）のラマ僧楊璉真珈によって墓が暴かれたが、これに怒った勇士

が遺骨を再び埋葬して冬青樹(ナナミノキ)を植えたという美談も伝わる。北宋や明清皇帝の陵墓にくらべると質素なものだが、宋の太祖趙匡胤の末裔を自認する華舎趙家による祭祀は20世紀まで続いたという。

曹娥廟 曹娥庙 cáo é miào ツァオオミャオ ［★☆☆］
紹興東の上虞、曹娥江のほとりに残る曹娥廟。後漢時代、水死した父の死体がみつからなかったことから、父を追って身を投げた14歳の娘曹娥をまつる。曹娥廟は父を敬うという中国の伝統的な規範に沿うものとして、江南第一廟と言われ

浙江省

ることもあった。曹娥江の名前はこの娘に由来し、暴れ川の曹娥江は古来、幾度となく高潮と氾濫を繰り返してきた。

上虞の越州窯

中国を代表する浙江省越州窯のひとつがおかれていた上虞(上虞とは、丹朱の乱からこの地に避難した虞舜にちなむという)。滋味豊かな土をもつ浙江省は後漢時代から陶磁器の先進地とされ、上虞では1世紀ごろから青磁、黒磁が焼かれ、その強度、釉薬、焼成技術はきわめて高いものだった。とくに呉越国、南宋時代に越州窯で焼かれた陶磁器は日本でも親

▲左　会稽山と鑒湖が美しい景観をつくる。　▲右　紹興郊外に立つ高層ビル群、街は拡大を続ける

しまれ、曹娥江ほとりには小仙壇青瓷窯遺址、窯寺前古窯址などが残る。

紹興袍江経済技術開発区 绍兴袍江经济技术开发区
shào xīng páo jiāng jīng jì jì shù kāi fā qū シャオシンパオジィアンジンジイジイシュウカイファアチュウ ［★☆☆］

紹興北に広がる新市街の紹興袍江経済技術開発区。21世紀になってから急速に開発は進み、税制の優遇、化学や医学、食品分野の外資系企業が集まり、高層ビルも林立する。一方で、紹興に伝わる伝統芸能を保護する試みも見られる。杭州、

浙江省

寧波に続く杭州湾南岸に位置し、上海への距離、蕭山国際空港を使える地の利をもつ。

鎮塘殿 镇塘殿 zhèn táng diàn チェンタァンディエン[★☆☆]
曹娥江ほとりの鎮塘殿は、長いあいだ旧暦8月に逆流する杭州湾の潮の見どころとして知られてきた（らっぱ状に開いた杭州湾の地形から、満潮にあわせて潮が逆流する。銭塘江では海寧塩官が見どころ）。紹興では、呉越の戦いのなかで命を落とした呉の伍子胥、越の文種を「ふたつの波（海神）」と見立て、信仰されている。

紹興郊外城市案内

三江閘 三江闸 sān jiāng zhá サンジィアンチャア ［★☆☆］

東小江（曹娥江）、西小江、銭塘江（杭州湾）という３つの水路が合流する、内河と外海の接点に築かれた三江閘。後漢時代の王充は「新江（現在の銭塘江）、山陰江（現在の若耶渓）、上虞江（現在の曹娥江）は皆、涛がある」と記し、古くからこの地の治水の難しさが記されてきた。明代、紹興太守となった湯紹恩は潮をおさえ、農地の灌漑問題をするために、1536年、この地に28個のアーチをもつ全長108mの三江閘を完成させた。このダムは真水を蓄え、潮をふせぐ役割を果たし、紹興の治水に成果をあげた湯紹恩が三江閘そばの湯公祠にま

CHINA
浙江省

つられている。湯紹恩は四川省の人で、母の夢に紹興の城隍神が出てきたことから「紹」と名づけられたという。

紹興濱海新城 绍兴滨海新城 shào xīng bīn hǎi xīn chéng
シャオシンビンハァイシンチャン［★☆☆］

杭州湾に面した紹興最北の地に整備された紹興濱海新城。嘉紹跨江大橋をへて、対岸の嘉興と上海へ続く地の利をもつ開発区で、電子機器や次世代エネルギー、素材の開発、製造を行なう拠点となっている。瀝海と呼ばれるこのあたりの土地は銭塘江の土砂で築かれ、明代、倭寇対策の軍事拠点「瀝海

▲左　中国人に人気の高い観光地の紹興。　▲右　紹興への玄関口となる紹興駅

所」がもうけられていた。また古くは、この地に「東京」という街があり、龍が寝返りを打つと、東京は沈み、代わりに紹興が海から現れたという伝説も残る。

平水 平水 píng shuǐ ピンシュイ ［★☆☆］

紹興の南10km郊外の丘陵地帯に位置する平水。杭州湾からさかぼってきた潮が、このあたりでとまったという逸話から平水と名づけられた（紹興は会稽山系と杭州湾の潮がせめぎあう場所にあった）。唐代にはここで草市が開かれてにぎわっていたと伝えられ、紹興名産の平水茶はこの地に由来する。

浙江省

雲門寺 云门寺 yún mén sì ユンメンスウ ［★☆☆］

平水江水庫の北側に残る古刹の雲門寺。後漢時代の創建と伝えられ、会稽山系を背後に、黄色の壁面、緑の屋根瓦のたたずまいを見せる。かつて杭州湾の潮がこのあたりまでさかのぼってきたと言われ、逆流する潮の音は龍王が雲門寺の仏僧に知らせるためだとも、雲門寺の僧侶が潮をおさめるために治水にはげんだとも伝わる。

紹興郊外城市案内

舜王廟 舜王庙 shùn wáng miào シュンワンミャオ[★☆☆]
紹興南東の王壇鎮に残る舜王廟。舜は堯をつぎ、禹に帝位を禅譲した古代神話上の王で、蒼梧山（湖南省）でなくなったという。舜が巡行のため会稽山にやってきたという伝説が残り、王壇鎮の舜王廟は上虞の舜帝廟、余姚の舜王廟とともに越中三舜廟となっている（舜の7人の息子は、余姚や上虞などに分封されたと言われ、舜江などの地名も残る）。毎年秋、水害をさけ、豊作を願う舜王廟会の祭祀が行なわれる。

Guide, Ke Qiao
柯橋
城市案内

紹興北西の農村と都市を結ぶ
市場町として発展した柯橋
人気の観光地、紹興柯岩風景区が位置する

柯橋 柯桥 kē qiáo カァチャオ ［★☆☆］

柯橋は浙東運河沿いに開けた水郷で、瓜渚湖、大小の板湖が位置し、それらを結ぶ水路をめぐらせている。後漢の名官吏蔡邕がこの地に亭を構えて晩年を過ごし、また晋代の会稽知事賀循が開墾したことで発展した。「柯」とは「河」を意味し、融光橋、永豊橋、新柯橋など多くの橋がかかっていたが、現在では再開発が進んでいる。康熙帝と乾隆帝の南巡を迎えた迎駕橋、明代にかけられた石づくりのアーチを描く太平橋、紹興酒づくりで有名な阮社も位置する。

【地図】柯橋

【地図】柯橋の [★★☆]
- 紹興柯岩風景区 绍兴柯岩风景区 シャオシンカァヤンフェンジンチュウ

【地図】柯橋の [★☆☆]
- 柯橋 柯桥 カァチャオ
- 太平橋 太平桥 タイピンチャオ
- 古繊道 古纤道 グウシィァンダオ
- 軽紡城 轻纺城 チンファンチャン
- 浙東運河（運河園）浙东运河 チャアドォンユゥンハア

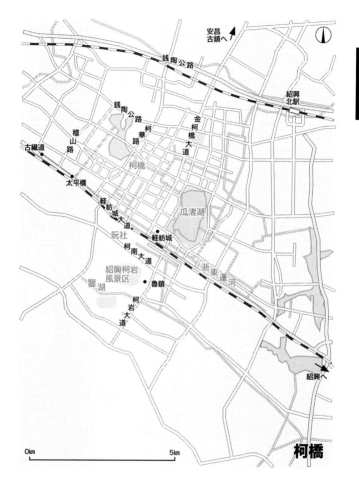

Shaoxing 柯橋城市案内

浙江省

紹興柯岩風景区 绍兴柯岩风景区 shào xīng kē yán fēng jǐng qū シャオシンカァヤンフェンジンチュウ [★★☆]

紹興柯岩風景区は、鑒湖のほとりに広がる紹興を代表する観光地（後漢の140年に整備された鑒湖は、紹興旧城の南から西の柯橋にわずかに残る）。魯迅の代表作『阿Q正伝』『狂人日記』に出てくる魯鎮が再現され、書聖王羲之が「山陽道上を行けば、鏡中に遊ぶが如し」と詠った鑒湖、奇岩の柯岩、高さ5.5mの紹興柯岩大石仏、大香林景区などが点在する。また紹興特有の船、手足の両方を使って櫂を漕ぐ烏蓬船も見られる。

▲左　紹興名物の烏蓬船、手足で櫂を漕ぐ。　▲右　紹興とその郊外にはさまざまなかたちの石橋が残る

太平橋 太平桥 tài píng qiáo タイピンチャオ ［★☆☆］

太平橋は、柯橋に残る明代にかけられた石づくりのアーチ橋。明代の 1622 年、地元の名士董宏度によって建設され、清代にいくどか再建されている。橋のしたを船が通れるように橋の高さは 10m にもなり、そのわきには高さの低い石桁橋が続いている。

古繊道 古纤道 gǔ xiān dào グウシィァンダオ ［★☆☆］

水辺のなかに 1 本の帯のように続いていく幅 1m ほどの古繊道。船をひく人のために石の板をならべた簡易道で、水辺に

浙江省

どこまでも続いていく美しい景色をつくる。かつてはこの古繊道で、雨や風、地形で進めなくなった船をひく男たちの姿があった(船のゆく運河では、海抜の差によって進めなくなることもあり、男たちが船にロープをしばってそれをひいた)。

軽紡城 轻纺城 qīng fǎng chéng チンファンチャン [★☆☆]
紹興北西に位置し、中国有数の繊維産業の集積所となっている軽紡城。もともと温州商人(楽清)がこのあたりに構え、20世紀末の改革開放にあわせて、卸売市場となった。諸曁、嵊州といった紹興郊外の商人も進出し、ネクタイ、靴、シャ

ツなどの商品がならぶ。繊維産業は古代越国以来の紹興の産業でもあり、紡織交易会も行なわれる。

安昌古鎮 安昌古镇
ān chāng gǔ zhèn アンチャングウチェン [★☆☆]
柯橋の6km北に残る水郷の安昌古鎮。近くの柯橋鎮、東浦鎮とともに都市と農村を結ぶ鎮として成長した。運河にのぞむ通路と階段が見られ、またそこには雨をさけるための屋根がかけられている。安昌古鎮では運河にかかる橋、烏篷船、食用の魚を干す人びとの営みが残る。